O que é?
Por que é importante?
É possível nos dias de hoje?
Como educar para tolerância?

Conselho Acadêmico
Ataliba Teixeira de Castilho
Carlos Eduardo Lins da Silva
José Luiz Fiorin
Magda Soares
Pedro Paulo Funari
Rosângela Doin de Almeida
Tania Regina de Luca

Proibida a reprodução total ou parcial em qualquer mídia
sem a autorização escrita da editora.
Os infratores estão sujeitos às penas da lei.

A Editora não é responsável pelo conteúdo deste livro.
O Autor conhece os fatos narrados, pelos quais é responsável,
assim como se responsabiliza pelos juízos emitidos.

Consulte nosso catálogo completo e últimos lançamentos em **www.editoracontexto.com.br**.

Roger-Pol Droit

O que é?
Por que é importante?
É possível nos dias de hoje?
Como educar para tolerância?

Tradução
Patrícia Reuillard

La tolérance expliquée à tous
Copyright © Éditions du Seuil, 2016.

Direitos de publicação no Brasil adquiridos pela
Editora Contexto (Editora Pinsky Ltda.)

Capa
Alba A. Mancini

Foto de capa
Depositphotos
Copyright: Peshkova

Diagramação
Gustavo S. Vilas Boas

Preparação de textos
Lilian Aquino

Revisão
Vitória Oliveira Lima

CIP-Brasil. Catalogação na Publicação
Sindicato Nacional dos Editores de Livros, RJ

D848t
Droit, Roger-Pol
Tolerância : o que é? : Por que é importante? : É possível nos dias de
hoje? : Como educar para tolerância? / Roger-Pol Droit ; tradução
Patrícia Reuillard. – 1. ed. – São Paulo, SP : Contexto, 2017.
96p.:il.; 21cm.

Tradução de: La tolérance expliquée à tous
Inclui bibliografia
ISBN: 978-85-520-0007-5

1. Ética. I. Reuillard, Patrícia. II. Título.

17-41936   CDD: 174
            CDU: 174

2017

EDITORA CONTEXTO
Diretor editorial: *Jaime Pinsky*

Rua Dr. José Elias, 520 – Alto da Lapa
05083-030 – São Paulo – SP
PABX: (11) 3832 5838
contexto@editoracontexto.com.br
www.editoracontexto.com.br

A discórdia é o maior mal do gênero humano.
Para isso, o único remédio é a tolerância.

Voltaire

SUMÁRIO

Por um mundo mais tolerante 9
Jaime Pinsky

Evitar as guerras 13

O que é? 17

De onde ela vem? 37

Por que é difícil? 55

Deve-se tolerar tudo? 69

Caso a caso, dia após dia 79

Leituras complementares 89

Agradecimentos 93

O autor 95

POR UM MUNDO MAIS TOLERANTE

Jaime Pinsky

Grupos de opinião diferentes se digladiam nas redes sociais. Mais do que argumentos consistentes ou ideologias bem fundamentadas, vemos a intolerância para com o outro manifestada de forma superficial e grosseira. Claro que a rapidez e a facilidade para emitir opiniões ajudam muito; basta acionar o celular com os polegares e o estrago está feito: irmãos rompem amizade, tios viram a cara para sobrinhos, amigos se ofendem e deixam de se falar por muito tempo. Mas não podemos jogar a responsabilidade no WhatsApp ou no Facebook. Por trás das redes sociais, por trás do celular, por trás dos dedos, há um ser humano intolerante, convicto de que as únicas verdades são as suas.

Difícil convencer os donos dos polegares que ouvir o outro, tolerar uma opinião contrária à sua, não implica, necessariamente, concordar com ele

TOLERÂNCIA

ou abrir mão de suas próprias convicções. Confundimos, muitas vezes, tolerância com fraqueza, com complacência. Não tem de ser assim. Temos, é claro, que ver com clareza de que tipo de tolerância estamos falando. Tolerar opiniões contrárias às nossas não quer dizer a mesma coisa que tolerar a violência, o racismo, a homofobia. Pois há tolerâncias e tolerâncias. E, por vezes, percebemos apenas a ponta do *iceberg*.

O intolerante, com frequência, se aproxima e se confunde com o fanático. É aquele que acha que "o outro" é inferior. Em pleno século XXI, ainda existe preconceito e intolerância contra negros, contra mulheres, contra homossexuais, contra imigrantes, contra migrantes, contra idosos, contra praticantes de religiões diferentes das nossas. Ao desenvolver uma intolerância contra "o outro", o intolerante busca se afirmar como superior, como pertencente a uma maioria imaginária que teria como obrigação marginalizar, combater e até eliminar quem não cerra fileiras com suas ideias, sua aparência, sua opção sexual e mesmo seu time de futebol. A violência é um subproduto dessa atitude. A intolerância não é, portanto, apenas mais uma forma de enxergar o mundo: ela é uma praga social.

Agradável de ler, claríssimo na forma, sério e profundo no conteúdo, este livro é muito necessário no mundo de hoje e, particularmente, no Brasil de hoje. Vislumbro, como historiador e educador, a obra sendo lida por milhares de estudantes pelo país afora, oferecendo respostas a perguntas que estão na boca de muitos: o que se pode ou não tolerar; sobre o que vale a pena discutir, deliberar, chegar a um consenso; contra o que devemos nos manter inflexíveis. Imagino o tema da tolerância sendo discutido, com propriedade, por alunos e professores, debatido com consistência por internautas, examinado com seriedade nas instituições públicas e privadas, levado com mais sensatez nas mídias. Acredito na possibilidade de uma postura mais racional, menos fanática, diante das opções políticas e ideológicas que o mundo moderno nos oferece. E em uma atitude mais consequente da sociedade contra os que insistem em tomar atitudes discriminatórias em nome do que quer que seja.

EVITAR AS GUERRAS

– *É aqui mesmo que vão falar de tolerância?*

– Sim. Isso lhe interessa?

– *Será que ela é realmente útil?*

– Boa pergunta, porque essa é uma das coisas que eu quero esclarecer. Mas tenho um pedido.

– *Qual?*

– Que você fique até o fim. O percurso que proponho vai explicar, passo a passo, o que é a tolerância, sua história, suas dificuldades, seu momento atual, sua utilidade. Para entender tudo, você não poderá sair antes de terminar!

– *Mas para que serve a tolerância?*

– Serve para evitar as guerras. Quando não há tolerância, sempre há mortes. Sem ela, as pessoas são capazes de matar. Podem exterminar os que pensam diferentemente delas, os que são diferentes ou os que elas acreditam serem diferentes. Ao contrário, quando há tolerância, quando ela é forte, presente e respeitada por todos, podemos conviver, sem nos matar, apesar de nossas ideias opostas.

– *E sem brigar?*

– Exatamente. As discussões não desaparecem, nem mesmo as disputas. Tolerar os outros não quer dizer que deixamos nossas convicções de lado. Não vamos todos começar a pensar do mesmo jeito. Mas vamos nos respeitar, conviver e, às vezes, até nos ajudar mutuamente de verdade. O primeiro passo é aceitar que as crenças e os comportamentos dos outros sejam diferentes. Como você vê, a tolerância é útil!

– *Ok, mas isso não é complicado! Então por que uma longa explicação?*

– No fundo, não é complicado mesmo, você tem razão. No entanto, para compreender realmente do que se trata, é preciso ir mais longe. No início, achamos que é muito simples, pois não enxergamos ainda as verdadeiras questões. Na verdade, a tolerância levanta mais problemas do que você pensa. Devemos começar por percebê-los para tentar superá-los. Somente depois nos damos conta do que é simples.

– *Do que você está falando? Não estou entendendo. Dê um exemplo.*

– Pois bem, precisaríamos começar por saber de qual tolerância estamos falando.

– *Por quê? Existem várias?*

– Sim.

– *Quantas?*

– Para saber, temos que começar de verdade.

– *Vamos lá!*

O QUE É?

— *Se entendo bem, ser tolerante é ser gentil com os outros...*

— Não tão depressa! Se bastasse ser gentil, isso se chamaria gentileza, não tolerância... É claro que também se trata de ser condescendente com as crenças, os comportamentos e o modo de viver dos outros. Devemos parar de pensar que os outros são inferiores, desprezíveis e até perigosos apenas porque são diferentes de nós. Mas isso não basta. Se ficássemos nisso, seria vago demais e não seria de muita ajuda!

Em vez disso, proponho aprofundar a ideia da tolerância para entendê-la em seus detalhes. Se não a compreendermos bem, não poderemos aplicá-la. E ela não é gentileza, justamente. A gentileza é afável, suave, um tanto branda. Não é o caso da tolerância.

— *Então, qual é a diferença entre as duas?*

— Quando quer tratar alguém gentilmente, você procura agradá-lo. Por exemplo, oferece presentes, algo de que a pessoa goste, prepara uma surpresa, uma festa. Para ser tolerante, você não precisa de tudo isso. Não se trata de agradar os outros, mas apenas de deixar que sejam eles mesmos, não impedi-los de viver como vivem, de pensar como pensam.

— *Mas é ser um pouco gentil também, não?*

— Veja bem, penso que isso é bom, útil, mas que não é verdadeiramente gentil. A diferença está em agir ou não. Ser gentil, mais uma vez, é agir, estar bem-intencionado, mas também demonstrar isso e pôr em prática. Ser tolerante pode significar simplesmente não fazer nada, não magoar os outros, deixá-los viver.

— *Só isso?*

— Claro que não! Sugiro que você imagine agora a tolerância como uma cebola ou uma couve, com uma série de cascas, de camadas sucessivas. A primeira casca, o primeiro sentido talvez o surpreenda: trata-se de medicina.

— *O que isso tem a ver?!*

— Você vai ver, esse é o ponto de partida; em seguida, vamos dar outros passos. Tenho certeza de que já conhece, na verdade, esse sentido médico. Você pode tomar antibióticos?

— *Acho que sim...*

– Não tem alergia?

– *Não que eu saiba. Mas o que isso tem a ver? Qual a relação com a tolerância?*

– Agora você está me decepcionando! Se não é alérgico a antibióticos, o que o médico vai dizer? Que tem tolerância a eles! Ao falar isso, o que ele quer dizer?

– *Que eu os suporto facilmente.*

– É isso! Em medicina, diz-se que "toleramos" os medicamentos que nosso corpo pode suportar. Nesse caso, estamos falando da tolerância física, corporal. O médico também dirá que você não é intolerante aos antibióticos ou à aspirina. E esse vocabulário não serve só para os remédios, como você sabe.

Pode-se dizer que uma pessoa tem tolerância ou não ao calor, ao frio, ao sol ou a um alimento. E, nesse sentido, não são apenas os seres humanos e os animais que têm tolerâncias e intolerâncias. Também se diz que uma planta tem tolerância à falta de sol, o que significa que ela aguenta bem sem ele, que não vai murchar, mas que, ao contrário, vai desenvolver-se normalmente se for plantada à sombra.

– *Tolerar significa suportar?*

– Nesse primeiro sentido, sim. Aliás, em latim, é isso que o verbo *tollere* (com dois "l") significa: "carregar" e, analogamente, "suportar", "resistir". *Tolerantia*, para os romanos, queria dizer "resistência".

TOLERÂNCIA

É a qualidade daquele que suporta facilmente as provações, fatigas, dificuldades, esforços. Aqui se trata de "suportar" no sentido de não se sentir perturbado, incomodado, prejudicado.

Ainda hoje se pode dizer que uma pessoa é "tolerante" ao cansaço ou à falta de sono se a resistência de seu organismo lhe permite fazer um esforço grande sem se esgotar, ou ficar mais tempo do que os outros insone sem que isso a prejudique demais. Também se fala – e você já deve ter ouvido esta expressão – em "limite de tolerância", ou seja, o limite daquilo que se pode suportar, seja um medicamento, o calor, a insônia...

Como vê, esse sentido médico diz respeito ao corpo dos seres humanos, dos animais e até ao corpo das plantas, que são organismos vivos, já que crescem, alimentam-se, reproduzem-se e morrem.

Será que você percebe uma diferença significativa entre esse primeiro sentido e a ideia que temos da tolerância em geral?

– *Não muito...*

– Nessa primeira definição, a tolerância é uma questão de vontade, de decisão?

– *Não!*

– Você está certo! Não se decide suportar ou não os antibióticos, não se decide ser tolerante ou intolerante ao calor. É mecânico. Depende do organismo, não da vontade.

O QUE É?

Outro ponto não deveria passar despercebido. Se você é bem tolerante ao calor, por exemplo, não se sentirá desconfortável nem mesmo quando estiver muito quente. Mas isso tem a ver com os outros?

– *Claro que não, tem a ver só comigo!*

– Exato! Então, no sentido médico, quando se trata de tolerância orgânica, biológica ou corporal, não há nada a decidir. Essa tolerância não tem a ver com a vontade e, sobretudo, não tem a ver com os outros!

Já a tolerância que nos interessa é aquela que diz respeito à nossa vida em sociedade, com todos os outros, com nossas diferenças e divergências, é uma questão de relação entre nós. Ela não reside em um organismo, ela existe *entre* as pessoas, na maneira de se falarem, de se olharem, de se julgarem, no modo como se comportam umas em relação às outras. E é também uma questão de decisão, de vontade. É possível se exercitar para ser tolerante com os outros, pode-se aprender isso, pode-se treinar para isso.

– *Aprender a não ficar doente com os outros...*

– Com certeza! Eu não teria dito assim, mas você observou algo interessante, pois podemos, de fato, treinar para suportar as ideias, as crenças, os costumes, o comportamento dos outros. Podemos nos exercitar para não constrangê-los, para não impedi-los de viver de acordo com seus hábitos e suas crenças pessoais. Podemos também aprender a não ficar chocados ou perturbados com o que é estranho ao nosso modo de ver e de agir.

Ser tolerante com os outros pode, portanto, aproximar-se, como você acaba de dizer, da tolerância no sentido médico: não se ficaria mais "doente", perturbado ou confuso porque os outros vivem de um jeito diferente do nosso. Essa aproximação não é tão surpreendente, pois, se empregamos a mesma palavra, é porque existem pontos em comum entre a tolerância médica e a tolerância social. No entanto, são duas ideias distintas.

— Era isso que você chamava de camadas diferentes?

— Exatamente. Já temos duas camadas de nossa cebola. Em primeiro lugar, a definição médica e biológica da tolerância: o que se pode suportar, mas sem escolha voluntária, sem relação com os outros. Em seguida, a definição social: o exercício de suportar as ideias, crenças e comportamentos dos outros para organizar as relações entre todos nós.

— Há mais camadas?

— É claro. Nessa tolerância entre nós, há intensidades muito diferentes. Eu diria que existe sobretudo uma tolerância fraca e uma tolerância forte, e que elas não se parecem muito. É um ponto essencial. Para compreender bem, imagine a seguinte situação:

Um de seus amigos quer dar uma opinião. Ele quer dizer o que pensa de uma decisão tomada pelo governo, por exemplo. Nós dois sabemos, você e eu, que ele não compartilha absolutamente nada das nossas ideias. Mas decidimos ser tolerantes e lhe damos a palavra. Imagine que digamos a ele: "Decidimos tolerar que você nos acompanhe e vamos tolerar que você fale." Você não acha que seria uma maneira curiosa de apresentar as coisas?

– *Não é muito gentil!*

– De novo, a gentileza... Acho que se trata mais de um modo de manifestar nosso poder.

– *Por quê?*

– Porque seria como dizer: "Permitimos sua presença, mas nada nos obriga a isso. Permitimos que você fale, mesmo que não tenha a mesma opinião que nós, mas somos nós que lhe damos essa permissão." Na verdade, é uma autorização provisória, temporária, que depende unicamente de nossa boa vontade. Poderíamos decidir suspendê-la, não deixá-lo mais falar, não convidá-lo. Na realidade, somos nós que mandamos! Aceitamos que ele fale, permitimos que se expresse. Toleramos sua presença e suas declarações, mas isso é o que chamamos de tolerância fraca.

– *Por que "fraca"?*

– Porque essa forma de tolerância se parece com indulgência. É um tipo de condescendência, de presente que damos. Temos o poder de não convidar

TOLERÂNCIA

essa pessoa, poderíamos proibi-la de falar em nosso ambiente, mas decidimos suspender essa proibição, autorizamos sua presença, sua fala. Mas perceba que estabelecemos nossas condições, de acordo com nossas decisões. Toleramos porque podemos proibir, porque temos poder para isso e o mantemos.

— *Você quer dizer que somos nós que lhe damos permissão?*

— Sim, e essa permissão é frágil, precária. Podemos suprimi-la, já que ela só depende de nós.

Outro exemplo esclarecerá os limites dessa tolerância fraca. O código de trânsito proíbe o estacionamento de veículos de duas rodas na calçada. Oficialmente, motocicletas, mobiletes ou bicicletas não podem estacionar ali. Prevê-se até multa para os infratores, mas esse estacionamento é tolerado. Em Paris, por exemplo, ele é tolerado até mesmo oficialmente, por uma circular administrativa: se não atrapalhar, não será multado.

Mas, pensando bem, esse estacionamento tolerado na calçada é algo esquisito. É permitido? Não realmente, senão bastaria dizer: estacionamento autorizado. É proibido? Tampouco. Na verdade, só não é multado! Não é permitido, mas ainda assim se pode estacionar, ele é tolerado!

— *E então?*

— Estamos numa zona cinzenta, uma área intermediária entre o que é autorizado e o que não é. Estacionar um veículo de duas rodas na calçada não é totalmente legal. Não se tem o direito – pleno – de fazer isso. Ao mesmo tempo, se estacionarmos nossa motocicleta ou bicicleta nesse local, e se ela não atrapalhar ninguém, não seremos multados. Não é permitido, mas nos deixam agir assim. É proibido, mas não vamos ser punidos. Essa zona cinzenta não lhe parece estranha?

– *Sim, mas de onde ela vem?*

– Ela vem de um poder de proibir, mas se decide não fazer uso dele. É a mesma história do seu amigo que "toleramos" e que convidamos a falar, ainda que pudéssemos mandá-lo embora ou deixar de recebê-lo. Se esse estacionamento é apenas "tolerado" na calçada, é possível suspender essa autorização temporária e restabelecer as multas, já que ele não é permitido. Se a polícia começar a multar, essa tolerância está acabada.

O que é estranho, nessa tolerância fraca, é a sua existência precária, frágil. Ela depende da decisão daqueles que detêm a autoridade. Eles optam por não proibir, não reprimir e, portanto, tolerar, mas isso continua sendo provisório.

Você já ouviu a expressão "tolerância zero". É empregada quando se aplica a lei sem abrir exceções, sem suspender nenhum processo ou sanção. Mas a maior parte do tempo isso é só uma fórmula. Decide-se não sancionar tudo.

TOLERÂNCIA

– Por que aqueles que detêm o poder optam por isso?

– Por várias razões. Ou porque não têm meios para aplicar de fato a lei, ou não querem ficar impopulares, ou gente demais burla a lei, ou tudo isso ao mesmo tempo! Por isso, por exemplo, tolera-se a prostituição, o consumo de maconha ou a pirataria de filmes.

Como você vê, essa tolerância pode ser um sinal de indulgência, de complacência, mas também de fraqueza, de impotência, até de covardia.

– Existe outra tolerância?

– Sim! É simplesmente o direito (de falar, de estacionar etc.), isto é, uma total liberdade, reconhecida, inscrita na lei, respeitada por todos. Para que você veja bem que se trata de outra coisa, proponho voltarmos ao seu amigo, aquele que não compartilha das nossas ideias. Se ele perguntar "Será que eu posso ir e participar da festa que você está preparando?" e nós respondermos "Sim, você pode vir, vamos tolerar sua presença", fica claro que ele não é realmente convidado. Não vamos expulsá-lo, mas não o recebemos de verdade. Continua a mesma zona cinzenta: nem convite, nem exclusão, a presença dele tem uma permissão temporária, uma existência reduzida, diminuída, enfraquecida.

Se seu amigo, ao contrário, tiver o direito de estar presente e de se expressar, então não precisará da sua permissão para participar! Você de-

O QUE É?

verá reconhecer o direito que ele tem, e ele poderá fazer uso desse direito, podendo ir ou não à festa, e dizer o que quiser, mesmo que não sejam iguais às suas ideias, mesmo que você não goste do que ele fale.

Eis o que é a tolerância forte: reconhecer aos outros o direito de pensar o que pensam, ser o que são, fazer o que fazem. Ou seja, quando toleramos assim, de maneira forte e plena, o que uma pessoa faz, isso significa que reconhecemos sua liberdade total de fazer o que ela quiser, quer se trate de praticar sua religião ou qualquer outra coisa, mesmo que não concordemos com ela.

Em outras palavras, se você der provas de tolerância "forte", poderá dizer a uma pessoa que ela tem todo o direito de expressar seus pensamentos mesmo que você não concorde com eles, o direito de praticar sua religião mesmo que você tenha outra ou nenhuma, o direito de comer ou de se vestir como bem entender mesmo que você não goste de suas roupas ou de sua comida.

Não se trata absolutamente de "gostar" do que os outros fazem ou do que pensam, mas de "respeitar" seu modo de vida. Essa tolerância deve permitir que aquele ou aquela diante de você não fique inquieto, não se sinta impedido de levar a vida conforme suas próprias convicções ou costumes. Esse é o princípio. Parece-lhe claro?

– Sim, bem claro. Tenho o direito de viver do meu jeito, os outros também. Assim funciona para todo mundo!

– Exato! Mas talvez tenhamos nos enganado...

– Como assim?

– Quase sempre, quando tudo parece muito simples, é porque não se observou bem... O que dissemos até agora não está errado, mas parece incompleto. Faltam ainda muitos elementos. E, ao descobri-los, corremos o risco de tropeçar em novas dificuldades.

– Será?

– Sim, e isso bem que pode começar já... Você concorda com a ideia de que a tolerância que chamamos de "forte" é o direito que cada um tem de falar, pensar, viver de acordo com suas convicções?

– Concordo, sim, acabei de dizer, e você também!

– É verdade. No entanto, essa afirmação tem uma dificuldade real; ou seja, se é um direito, nada mais precisa ser tolerado!

– Como assim?

– Se tenho direito de falar, circular, praticar a religião que eu quiser etc., posso exercer esse direito, ele é reconhecido. E você não precisa tolerar ou não tolerar o que faço, já que tenho direito de fazer! E, reciprocamente, quando você exerce seus direitos, não tenho de tolerar ou não o que você faz, pois você tem todo o direito de agir assim.

O QUE É?

Relembre a questão do estacionamento. Se os veículos de duas rodas tivessem o pleno direito de estacionar na calçada, não se poderia mais dizer que isso é tolerado, visto que seria totalmente permitido!

Esta é então a dificuldade: quando se tem direito, parece que a tolerância se torna inútil...

– *E como se sai disso?*

– Retrocedendo um pouco. É possível que tenhamos avançado rápido demais ou ido longe demais sem nos darmos conta.

Não estávamos satisfeitos com a tolerância "fraca", essa zona cinzenta entre proibido e autorizado, onde se deixa agir sem que seja realmente permitido.

Então, procuramos imediatamente a tolerância mais forte possível, aquela que dá a cada um o direito de viver com suas diferenças. Foi sem dúvida nisso que fomos longe demais, já que vemos que a tolerância, nesse caso, não serve de nada. Na verdade, se a *Declaração Universal dos Direitos Humanos* fosse inteiramente aplicada, tudo indica que a tolerância se tornaria inútil.

– *Você pode explicar? Não estou entendendo bem.*

– Este debate é antigo. Poderíamos chamá-lo de "tolerância ou liberdade". Você compreendeu bem, em nossos exemplos de tolerância "fraca", que ela revela uma dominação, um poder. Você tolera que uma pessoa venha à sua festa, mas pode mudar de opinião, pois ela não é realmente convidada. Isso está claro?

TOLERÂNCIA

– Sim, totalmente claro. O que eu não entendo é por que um direito torna a tolerância inútil...

– Então, vou repetir: se a pessoa de que falamos tem todo o direito de vir à sua festa, se tem essa liberdade garantida pela lei, então você não tem mais nenhum poder sobre a presença dela, você não tem de tolerá-la ou não, ela faz o que quiser! Dentro dos limites da lei, é claro. Ela não pode insultar você ou estragar sua casa, isso é evidente. Mas é ela quem decidirá ir ou não à festa, e não você. Se ela tem direito, liberdade de ação, você não tem de tolerar ou deixar de tolerar nada, isso "não se aplica".

Afirmei que esse debate "tolerância ou liberdade" é antigo. Ele remonta à Revolução Francesa. Não é tolerância que eu reivindico, é liberdade, dizia Rabaut de Saint-Étienne, em agosto de 1789. Os deputados da Assembleia Constituinte discutiam o artigo 10 da *Declaração dos Direitos do Homem e do Cidadão*, que trata da liberdade religiosa, de crença e de culto. O termo "tolerância" tinha sido proposto em referência aos éditos de tolerância que autorizavam os protestantes a terem seus próprios templos e a professarem seu culto. Rabaut de Saint-Étienne, protestante, rejeita esse termo, preferindo falar de liberdade porque não quer ser apenas "tolerado", ele quer ter o direito de praticar sua religião. A tolerância, diz, é uma "palavra injusta, que nos representa apenas como cidadãos dignos de piedade, como culpados que são perdoados".

30

– Entendi! Se todos os seres humanos são livres e iguais, todos têm os mesmos direitos. Então a tolerância não serve de nada!

– Você entendeu perfeitamente o princípio. Mas, sinto muito, ainda não resolvemos a questão. Mais uma vez, fomos rápido demais. Na *Declaração Universal dos Direitos Humanos*, reconhece-se a cada ser humano a liberdade de expressão, de circulação, de religião etc. Cada um vai poder – em princípio – se expressar como quiser, mudar de país, ter, não ter religião ou escolher outra etc.

Deve-se esclarecer ainda que essas liberdades não devem destruir umas às outras: você não pode, por exemplo, utilizar sua liberdade de expressão para proibir os outros de falar! A regra fundamental das liberdades individuais é que não devem prejudicar umas às outras.

Como você bem viu, nesse sistema de direitos e liberdades para todos, a tolerância não parece mais necessária. A convivência das ideias, dos modos de viver e dos costumes está assegurada. Tais modos são bem diferentes, não são necessariamente compatíveis entre si, nem sempre se harmonizam bem, mas os seres humanos supostamente podem conviver sem disputas, porque cada um tem o direito de levar sua vida como bem entende, desde que não impeça os outros de viverem a sua.

TOLERÂNCIA

Nesse sistema de direitos universais, a tolerância parece não ter mais razão de ser. Ela é substituída pelas liberdades que cada um tem e pode exercer.

– *Então, a questão está resolvida?*

– Em princípio, sim! Poderíamos até mesmo afirmar que os Estados modernos, aqueles que surgiram após a Revolução Francesa, nos quais todos os cidadãos são iguais, e uma Constituição democrática garante suas liberdades (de expressão, de religião, de circulação etc.), tornam a tolerância inútil. De fato, como você compreendeu, a tolerância parece não ter mais razão de ser.

– *Por que "parece"?*

– Porque há um problema...

– *Qual?*

– Você não percebeu?

– *Não, na verdade, não...*

– Trata-se de princípios, não forçosamente de realidades. É claro que boa parte dos países do mundo faz o máximo para que a realidade diária se aproxime tanto quanto possível desse ideal universal. Mas quase sempre se está longe disso.

A liberdade de expressão é reconhecida e proclamada, mas algumas pessoas sempre encontram mais dificuldade de se fazerem ouvir do que outras. A liberdade de circular é declarada e oficial, mas na prática frequentemente sofre entraves. A liberdade de crença religiosa é reconhecida, mas ainda existem muitas desigualdades e injustiças nisso também.

Nos princípios, todos os seres humanos são livres e iguais em dignidade e direitos. Se isso fosse verdade sempre, em qualquer lugar e tempo, a tolerância, você disse bem, não teria mais razão de ser. Mas você também sabe, basta olhar ao redor que frequentemente vemos racismo, desprezo, ódio aos outros, hostilidade ou desconfiança.

Observe o que acontece todos os dias em uma sala de aula. Em princípio, todos os alunos têm os mesmos direitos e as mesmas obrigações. Não há discriminação no regimento interno da escola. Mas basta que a pele de alguns alunos seja de uma cor diferente dos outros, ou que tenham cabelos ruivos, ou que sejam estrábicos, ou que tenham orelhas grandes ou uns quilos a mais... para que uma parte da turma não suporte essas diferenças. E se debochará desses alunos, serão assediados e insultados de modo totalmente injusto.

Nesse caso, a tolerância é novamente importante, volta a ser útil e até indispensável. O que mostra bem que a questão de sua existência não está resolvida! A tolerância não se tornou inútil. Ela é necessária até mesmo nas sociedades em que as liberdades são reconhecidas e garantidas, porque sempre há o risco de indivíduos e grupos, assim como os alunos em uma sala de aula, se confrontarem ao invés de se entenderem, ou simplesmente se suportarem. As liberdades existem, mas a tolerância mantém, portanto, sua razão de ser.

TOLERÂNCIA

– *Qual das tolerâncias agora? A fraca?*

– Não necessariamente. Uma outra, que exige de cada um de nós um trabalho interior, uma reflexão sobre seu próprio lugar em relação ao dos outros. Não se trata mais de demonstrar o próprio poder, mas de pôr em prática, concretamente, as liberdades. Porém, para captar bem essa ideia, vamos precisar avançar mais um pouquinho. Antes de dar uma parada, sugiro uma última pergunta. Em sua opinião, ser tolerante significa fazer alguma coisa?

– *Tenho a impressão de que se deve simplesmente deixar os outros viverem ao invés de impedi-los.*

– Muito bem, mas deixar agir, deixar existir... Será que isso é uma ação?

– *Não... Engraçado, não parece uma ação!*

– De fato, uma particularidade da tolerância é ser, de certo modo, uma "inação". Ao invés de impedir os outros, eu os deixo fazer o que quiserem. Ao invés de proibir, tolero, isto é, permito de certo modo. No entanto, não preciso dar permissão, basta que eu... não faça nada! A tolerância é, portanto, uma não ação, uma ação suspensa, interrompida. Há algo de muito particular nisso. Finalmente, poderíamos quase dizer que o melhor a fazer é não fazer nada...

– *Gosto disso!*

– Bem que eu achava! Brincadeiras à parte, a tolerância tem efetivamente uma relação particular com a ação. Em seu registro fraco, significa não punir, não sancionar, não perseguir judicialmente, não censurar etc. Em resumo, não se trata de agir, mas de se abster de reprimir, de deixar existir. E, num registro mais forte, mais construtivo, trata-se de conter a agressividade, banir o ódio ou o desprezo, não vexar ou humilhar. Aqui há ação, mas ela se contenta em apagar o que é negativo!

Acredito que nós avançamos. Mas ainda temos um bom caminho pela frente antes de entender bem tudo. Proponho uma pausa.

LEMBRE-SE

- Tolerar quer dizer "suportar".
- A tolerância médica é corporal, involuntária e individual.
- A tolerância social se situa *entre* as pessoas. Opta-se por ela e ela é exercida.
- Tolerância "fraca": o poder não sanciona o que é proibido.
- Tolerância "forte": a liberdade é reconhecida, é direito do homem.
- A tolerância parece ser uma ausência de ação.

DE ONDE ELA VEM?
UMA BREVE HISTÓRIA DA TOLERÂNCIA

– *A tolerância sempre existiu?*

– De certo modo, sim. Porque existe no coração dos seres humanos, ao lado do ódio, da violência e da destruição, um desejo de viver em paz com o próximo, uma forma de complacência com os outros. Desse ponto de vista, a tolerância é um traço constante da humanidade. Poderíamos dizer que, em todo lugar e em todas as épocas, há pessoas fanáticas e pessoas tolerantes. Os fanáticos são capazes de matar aqueles que não pensam como eles; os tolerantes pensam que nenhuma crença vale um crime.

Poderia seguir nessa linha e afirmar que, em cada século, em cada civilização, em cada religião, estão presentes as duas vertentes, com aparências distintas – guerreira e pacífica – do coração humano. Repito que não há religião fanática ou tolerante, mas indivíduos ou grupos fanáticos, e outros tolerantes, em cada religião. E se poderia afirmar o mesmo em relação às épocas ou aos países, porque encontramos aí a mesma mistura. Isso não é uma inverdade, e eu poderia afirmá-lo. No entanto, não acredito totalmente nisso.

– Por quê?

– Porque a própria ideia de tolerância também tem uma história. Ela não é a mesma entre os antigos romanos e na Europa moderna. Não tem o mesmo sentido nem o mesmo alcance na França da época de Montaigne (século XVI) e no mundo do século XXI. É preciso esclarecer, inclusive, que sua verdadeira invenção não é tão antiga quanto se pensa. Filósofos como Pierre Bayle, John Locke, Voltaire, que viviam no Classicismo e no Iluminismo, construíram o que chamamos hoje de tolerância, mas essa ideia não existia realmente antes deles. Portanto, é uma longa história...

– Você me conta?

– Claro! Mas vou resumir bastante! Vamos voltar à Antiguidade para ver o ponto de partida. Entre os egípcios, gregos e romanos existem evidentemente governos cruéis e governos indulgentes. São as qualidades humanas de cada faraó ou de cada imperador que os transformam em líderes mais ou menos tolerantes.

DE ONDE ELA VEM?

Em minha opinião, o exemplo mais interessante vem da Índia. No século III a.C., o imperador Ashoka assume o poder. Aos 20 anos, governa o Império Máuria, que engloba um território imenso, hoje Índia, Paquistão e grande parte do Afeganistão. E esse jovem imperador...

– *Já sei! É muito tolerante!*

– Errado, pelo menos por enquanto! No início, ao contrário, ele é terrivelmente autoritário, colérico e cruel. Manda assassinar seus rivais, é belicoso e conquista impiedosamente novos territórios. Conta-se até que, após uma imensa batalha, havia tantos mortos que o rio ficou manchado de sangue. Então, diante de todos esses cadáveres, o jovem imperador leva um choque. Compreende que essa vitória militar é, na verdade, uma derrota moral e julga não ter o direito de provocar tanto sofrimento e morte. Então, ele muda e passa a ser totalmente pacífico e tolerante.

Durante todo seu reinado, e até sua morte, ele se dedica a promover a paz entre pessoas, religiões e, até mesmo, entre animais e seres humanos.

– *Parece um conto de fadas!*

– Você não está errado. Certamente há uma parcela de lenda na história do imperador Ashoka. Mas não só, pois temos provas reais de sua tolerância: ele mandou gravar seus conselhos em colunas de pedra.

39

TOLERÂNCIA

Ainda temos cerca de quarenta desses pilares que permitiam a todos, naquela época, saber o que o imperador pensava. Olhe o que diz um deles: "Aquele que defende sua própria religião e, devido a um zelo excessivo, condena as outras pensando 'tenho o direito de glorificar minha própria religião', apenas prejudica a sua, pois se deve escutar e respeitar as doutrinas professadas pelos outros."

Veja, há mais ou menos 2.300 anos, na Índia, esse homem já dizia que devemos nos respeitar e ouvir os outros. Ele ressaltava que quem insiste na superioridade de sua crença em relação à dos outros não ajuda sua religião; pelo contrário, prejudica-a! Portanto, é falso afirmar que a tolerância foi inventada na Europa moderna. Como você vê, a ideia surgira em outro lugar, e bem antes.

E ainda acrescento que isso não é uma especialidade indiana ou chinesa. Já havia tolerância entre os romanos, em Cícero, em Sêneca. As aventuras de Enéas, o herói do poeta latino Virgílio, dão provas de seu senso de tolerância.

– *Então nada mudou?*

– Claro que sim! Essa grande disposição à indulgência está mais ou menos em todo lugar. Mas isso não impede que haja uma virada ocidental e moderna na história da tolerância, que vai assumir um sentido particular.

– *O que aconteceu?*

DE ONDE ELA VEM?

– Primeiro, deve-se mencionar uma grande mudança nas religiões. Praticamente todas as civilizações da Antiguidade acreditavam em vários deuses. Cada cidade, cada região, cada povo tinha os seus. Em geral, respeitavam-se os deuses dos outros, quase sempre porque não se queria que esses deuses de fora se zangassem e se vingassem. Assim, existia uma espécie de tolerância habitual e difundida em matéria de crenças, rituais e sacrifícios. Não era nenhum paraíso, havia violências e guerras, ódios e crueldade, mas suas motivações não eram principalmente religiosas.

Além disso, as pessoas que tinham religiões e hábitos de vida diferentes viviam quase sempre longe umas das outras. Sabia-se que, neste ou naquele país, a meses de distância, as pessoas tinham outra maneira de pensar, outras regras de vida, mas estavam fora da vista, não estavam presentes.

E, quando vinham de longe, deviam ser bem recebidas, honradas, porque a regra da hospitalidade era praticada em toda parte. A hospitalidade com os estrangeiros não é exatamente o mesmo que a tolerância, mas ela contribui para evitar relações tensas com aqueles que vivem de modo diferente.

Os homens da Antiguidade tampouco ignoravam as guerras ou os massacres, mas a ideia de impor aos outros suas próprias crenças, deuses e costumes era menos difundida do que nos tempos modernos.

TOLERÂNCIA

– *Que grande mudança foi essa de que você falou?*

– A crença em um deus único. Porque, se há apenas um deus, então, em princípio, há apenas uma religião, uma única crença possível, uma única verdade. E todos os outros estão iludidos, errados e são ignorantes.

Se pensar desse modo, existem várias possibilidades: pode deixar os outros se iludirem ou errarem, ou tentar explicar-lhes por que a sua religião é melhor; você vai raciocinar, tentar convencer, ou então vai contradizê-los, obrigá-los pela força a se converterem.

Na pior das hipóteses, aqueles que adoram outro deus além do Deus único vão ser considerados ameaças, perigos diabólicos que precisam ser combatidos por todos os meios e, finalmente, eliminados! Essa é a origem de todos os fanatismos.

– *Você quer dizer que, quando só se tem um deus, vira-se fanático?*

– Não, de jeito nenhum! Concluir isso do que acabei de falar seria, de novo, ir longe demais. Na verdade, existem apenas dois pontos de partida para memorizar: a crença em um deus único provoca uma grande mudança, e essa mudança *pode* levar a comportamentos intolerantes, mas nem sempre, não necessariamente!

Aliás, na história do que se chama de monoteísmo (a crença em um único deus, do grego antigo

DE ONDE ELA VEM?

monos, "único", e *theos*, "deus"), o fanatismo e a intolerância não estão presentes no princípio. Os judeus foram os primeiros a acreditar em um único deus, criador do mundo, onipotente, dando uma Lei aos seres humanos. Mas não tentavam impor essa crença aos outros, não buscavam submetê-los ou convertê-los.

A virada para a intolerância começou com o desenvolvimento e a difusão do cristianismo, com sua instauração como religião oficial do Império Romano e, depois, com a expansão da Igreja Católica. "Católico" quer dizer "universal": essa religião se dirige à humanidade inteira e afirma poder englobar e incluir todos os seres humanos, sem exceção.

– *Até mesmo aqueles que já têm outra religião?*

– Sim, pois eles podem abandonar seus antigos "erros" para abraçar a "verdade".

– *Por que seria falso aquilo em que eles creem? Além do mais, o que os cristãos acreditam não é necessariamente verdadeiro!*

– Você não está errado, mas contesta assim porque vive no século XXI. Mesmo que não saiba, o que você pensa está marcado por uma longa reflexão sobre a tolerância, por inúmeras lutas para fazê-la avançar! Para compreender o que tornou a tolerância religiosa indispensável, é preciso retroceder mentalmente, antes do surgimento dessa forma moderna de tolerância.

TOLERÂNCIA

Talvez você não lembre o lugar ocupado pela religião nos séculos mais antigos. Vivemos em uma sociedade tão transformada pela existência da tolerância religiosa que muitas ideias e comportamentos nos parecem evidentes, ainda que outrora não o fossem. Por exemplo, parece indiscutível que não se pode impor uma crença a alguém, que a liberdade interior não deve ser abafada ou combatida. Entretanto, essas evidências são conquistas da tolerância.

Imagine, por um instante, que estamos na Idade Média. Na Europa, todos são educados na fé cristã, a Igreja controla a maior parte da vida social e política. Os dogmas da religião cristã não são considerados crenças, mas verdades absolutas. É praticamente impossível – e impensável – contestá-los.

Naquela época, a religião explicava tudo. Era ela que explicava o sentido do mundo, já que se considerava que ela detinha a verdade, que fora revelada aos homens pelo próprio Deus. Ninguém podia recusar essa verdade divina. Nem julgá-la ou se libertar dela! A verdade religiosa era absoluta. Ela se impunha, devia reinar sozinha e não conviver com outra verdade... que não podia existir! Portanto, parecia totalmente legítimo impor essa verdade revelada e única, defendê-la dos erros. E esses erros passavam a ser então faltas morais, sortilégios.

DE ONDE ELA VEM?

É assim que evolui esse pensamento, que sua lógica se organiza: "Nós detemos a verdade que o próprio Deus nos deu. Aqueles que acreditam em outra coisa não estão apenas errados; são infelizes, pecadores e correm o risco de se tornar eternas almas penadas. Para salvá-los, é preciso convertê-los. Caso se recusem, estão resistindo ao próprio Deus. São, portanto, seus adversários, inimigos, diabos. É preciso eliminá-los!"

É assim que funciona o fanatismo. Ele é mortal e chocante para nós. Mas precisamos compreender também que ele tem uma coerência interna. Se você leva totalmente a sério a fé religiosa, se você a coloca acima de tudo, parece muito difícil escapar das consequências intolerantes que decorrem disso. Porque a influência da religião, com seu caráter absoluto, leva a não suportar o que lhe escapa, o que a recusa.

– *Então, não há tolerância na Idade Média?*

– Muito pouca, e é uma tolerância fraca, que permite que os outros vivam condicionalmente. Por exemplo, os judeus eram quase sempre mantidos afastados, em bairros reservados, porque os cristãos da época os consideravam culpados da morte de Jesus e os recriminavam por não terem reconhecido nele o Messias. Nos países muçulmanos, os judeus e os cristãos eram mais ou menos tolerados, porque reconheciam um deus único e tinham vários profetas em comum, mas tinham um *status* inferior aos muçulmanos, com direitos reconhecidos, mas restritos, e viviam sob estrito controle.

Porém, essas diferentes formas de tolerância religiosa eram limitadas. Na Idade Média, o que dominava, acima de tudo, era ou a impermeabilidade ou a guerra.

– *A impermeabilidade?*

– Utilizo esse termo para evocar o fato de que as religiões permaneciam fechadas em si mesmas – *grosso modo*, o cristianismo no Ocidente, o islamismo no Oriente, o budismo na Ásia –, sem contato, a não ser sob a forma de perseguições ou confrontos militares. Para que a tolerância se torne necessária, uma necessidade real, as pessoas precisam morar perto umas das outras, precisam se misturar.

– *E isso não acontecia?*

– Muito raramente, mas há exemplos de tais convivências. Na cidade de Alexandria, no final da Antiguidade, pagãos, judeus e cristãos conviveram com certa tolerância. Na Andaluzia da Idade Média, sob o domínio árabe, coexistiram muçulmanos, judeus e cristãos. Sempre se observa uma espécie de tolerância, mas ela é relativa: há trocas e respeito reais, mas subsistem tensões e, às vezes, ocorrem massacres sangrentos. Esses lugares de convivência não são o paraíso de tolerância que se diz. Lá se justapõem diálogos e tensões, trocas e rejeições.

– *De onde vem, então, a tolerância?*

– Ela nasceu da guerra entre cristãos! Essa resposta surpreende você? Deixe-me explicar. No final da Idade Média, naquele período que chamamos de Renascimento, alguns cristãos começaram a se opor ao poder da Igreja Católica. Protestavam contra a corrupção, os abusos de poder. Foram, então, chamados de "protestantes". Propunham profundas mudanças na religião, retomando principalmente o texto dos Evangelhos e insistindo na relação direta dos indivíduos com Deus.

Pela primeira vez, ocorreu uma divisão profunda dentro do próprio cristianismo. Houve guerras, perseguições e massacres entre católicos e protestantes. Chamou-se a esse período de "guerras de religião". Porém, como você vê, era uma guerra muito particular, pois não opunha mais religiões diferentes, mas modos de compreender uma mesma religião, o cristianismo.

Essa guerra confrontava duas maneiras distintas de compreender o Evangelho, a mensagem de Cristo, a vida e os deveres dos cristãos. Além disso, não eram europeus contra indivíduos de países distantes. Ao contrário, as pessoas que se matavam mutuamente eram do mesmo país, do mesmo vilarejo e, às vezes, até da mesma família! Essa cisão

TOLERÂNCIA

sem precedentes fez surgir, na Europa, uma nova reflexão sobre a tolerância, que culminou nas ideias modernas de laicidade, de religião privada.

– *Para então fazer a paz?*

– Exatamente. Como esses massacres eram cada vez mais insuportáveis, escritores e filósofos buscaram soluções para sair desse impasse. Não bastava pedir calma, aconselhar as pessoas a se respeitarem. Era necessário bem mais do que isso: repensar o papel da religião, definir as liberdades dos indivíduos, redelimitar a função do Estado. Na verdade, isso deu início a algo que continuou durante várias gerações.

Dentre as grandes referências que se deve conhecer, há um livro de Pierre Bayle, de 1686, sobre a tolerância. A partir de um comentário das palavras de Cristo – "Força-os a entrar" –, ele lança luz sobre a ideia de liberdade de consciência. De fato, forçar uma pessoa a crer é impossível e absurdo. Pode-se forçar alguém a fingir, ressalta Pierre Bayle, mas não forçá-la a pensar. A consciência de cada indivíduo é fundamentalmente livre. E a convicção religiosa depende, acima de tudo, dessa liberdade interior, e não de uma decisão exterior ao indivíduo.

Fazer conversões forçadas é não apenas um crime contra a liberdade de consciência dos indivíduos, mas também um crime contra a própria fé, uma profunda ofensa à religião. Foi isso que Pierre

DE ONDE ELA VEM?

Bayle explicou. Suas ideias anteciparam a liberdade de consciência, que mais tarde se tornou o fundamento da *Declaração dos Direitos do Homem*.

Três anos mais tarde, em 1689, o filósofo inglês John Locke publica sua célebre *Carta sobre a tolerância*, na qual defende ideias semelhantes, mas destaca o papel do Estado. Para ele, de fato, cada um precisa decidir no que crê, e o poder político não deve se imiscuir nas escolhas individuais dos cidadãos. O papel do Estado é garantir as liberdades individuais e a paz interna, não devendo opinar sobre as crenças religiosas, que são assuntos privados. Nesse momento termina a ideia antiga de que o rei ou o imperador podia decidir a religião oficial, impor a todos seus súditos uma mesma crença. Nessa nova perspectiva, os cidadãos são livres, podem ter diferentes religiões, ou nenhuma. O Estado deve garantir a paz entre todos e não impor uma religião específica. Ele não tem competência em matéria de religião.

– *Isso me parece normal!*

– Sem dúvida, mas é a Bayle, a Locke e a alguns outros que você deve, no fim das contas, mesmo sem saber, essa impressão de que tais ideias são evidentes. Elas não o eram naquela época. Deve-se uma boa parte das evidências de hoje aos filósofos do Iluminismo, principalmente a Voltaire e a seu célebre e importante *Tratado sobre a tolerância por ocasião da morte de Jean Calas*, publicado em 1763.

TOLERÂNCIA

Esse livro surgiu de um combate contra uma injustiça tão escandalosa que o velho Voltaire, aos 68 anos, decidiu lutar com todas suas forças.

– *Eu vi um retrato dele, era bem pequeno, magro, parecia doente...*

– É verdade. Felizmente, ele não lutava com as mãos, mas com palavras e ideias, e era muito bom nisso! Vou resumir o "caso Calas" que indignou Voltaire.

Jean Calas era um comerciante da cidade de Toulouse, sul da França, conhecido e apreciado por todos. Mas era protestante e a maioria da população, católica. As guerras de religião tinham terminado há muito tempo, mas ainda existia ódio e intolerância no coração de muitas pessoas.

Numa noite do ano de 1762, seu filho Marc-Antoine Calas, que tinha uns 20 anos, foi encontrado enforcado no sótão da casa dos pais, onde vivia. Ele pretendia se converter ao catolicismo. Jean Calas foi preso e acusado de ter matado o próprio filho! Foi condenado à morte e executado. Evidentemente, aquilo foi um erro e uma enorme injustiça. O filho se suicidou porque era depressivo, não foi morto pelo pai porque pensava em mudar de religião. O pai estava destruído de dor, perplexo por essa morte repentina. Só foi acusado de assassinato devido a um ódio cego e condenado ao final de um processo parcial. É a execução de um inocente.

DE ONDE ELA VEM?

Então Voltaire denuncia e pede que o processo seja reaberto e que Jean Calas seja reabilitado.

Mas seu tratado vai bem além disso: ele quer não apenas mostrar que a tolerância teria salvado a vida desse homem, mas que o fanatismo causa inúmeros estragos. Essa "doença do espírito", como diz Voltaire, é responsável pela morte de milhares e milhares de pessoas. Para acabar com isso, o filósofo iluminista explica em que consiste a tolerância e como ela pode tratar essa doença. É por isso que esse livro ainda nos interessa, dois séculos e meio depois.

– *Calas foi reabilitado?*

– Sim. Ele estava morto, fora executado, mas seu processo foi revisado e sua inocência, reconhecida. Mas insisto que o mais importante é o que Voltaire diz da tolerância e da intolerância, porque podemos aproveitar isso ainda hoje.

Seu primeiro argumento diz respeito à fraternidade que existe entre todos os homens. Voltaire salienta que devemos nos lembrar dela sempre, nunca esquecê-la. Essa fraternidade salta aos nossos olhos em caso de perigo mortal, de desastre, de incêndio ou de terremoto. Mas a cegueira religiosa pode nos levar a esquecê-la. Nesse caso, ao invés de ver os outros como irmãos, nós os transformamos em monstros apenas porque pensam diferente de nós em alguns detalhes!

Para Voltaire, a razão e a filosofia nos ajudam a sair dessa cegueira provocada pelo ódio e pelo fanatismo; esse é seu segundo argumento. A razão é "suave, humana", ela "inspira a indulgência", porque nos faz ver mais o que nos aproxima do que o que nos separa. Ela nos permite compreender principalmente que as diferenças entre nós recaem sobre elementos secundários, não sobre o essencial.

– *E o que é o essencial?*

– Para Voltaire, é o respeito, a convivência fraterna, o fato de não se fazer para os outros o que não se deseja para si mesmo. Na verdade, esse filósofo está convencido de que existe um direito natural, isto é, leis universais que se impõem a todos. Pensa também que existe uma religião natural, que todos os seres humanos podem descobrir que Deus existe, e que ele deve ser honrado, ao refletirem sobre isso.

– *Isso é verdade?*

– Totalmente! É claro que Voltaire travou um grande combate pela tolerância. Ele fez por merecer o epitáfio que figura, desde 1791, em seu túmulo no Panteão de Paris: "Ele combateu os ateus e os fanáticos. Inspirou a tolerância, reivindicou os direitos do homem contra a servidão do feudalismo. Poeta, historiador, filósofo, engrandeceu o espírito humano e o ensinou a ser livre". Porém, sua concepção da tolerância também tem pontos fracos.

– *Quais?*

– Ela se baseia na ideia de que todas as religiões dizem basicamente a mesma coisa. Para Voltaire, todas elas têm o mesmo fundo de verdade e só se opõem por detalhes sem importância, que levam a disputas e confrontos sangrentos devido à tolice dos seres humanos.

– *Essa maneira de ver não está certa?*

– A meu ver, não, e por várias razões. Só que, para explicá-las, precisamos ver a tolerância sob outro ângulo.

– *De novo!*

– Pois é, nossa viagem ainda não terminou. Você vai constatar que ainda não vimos algumas paisagens que podem mudar nossa percepção.

– *Então, sigo com você...*

LEMBRE-SE

- A tolerância, como disposição à indulgência, sempre coexistiu com a crueldade no coração dos homens.
- Apesar de tudo, a noção moderna de tolerância tem uma história ligada ao cristianismo e às guerras de religião do Renascimento.
- As reflexões de Pierre Bayle dão origem à liberdade de consciência; as de John Locke, à laicidade do Estado.
- O *Tratado sobre a tolerância*, de Voltaire, denuncia o fanatismo e sustenta que todas as religiões dizem, no fundo, a mesma coisa.

POR QUE É DIFÍCIL?

– *O que acho esquisito é que ainda não se sabe em que consiste exatamente a tolerância!*

– É verdade, mas, pelo menos, sabemos mais do que no início, não? Para avançar, temos de aprofundar duas novas questões. Primeiro, o que torna a tolerância fácil ou difícil? Em seguida, em que momentos ela é útil, até mesmo indispensável? Se esclarecermos esses pontos, com certeza compreenderemos melhor o que é a tolerância.

O que quero explicar agora está relacionado com um grande problema filosófico. Mas proponho abordá-lo passo a passo, com palavras simples. Isso permitirá que você compreenda que a tolerância talvez seja uma ideia difícil, mas, ao mesmo tempo, ela é muito mais interessante do que geralmente se diz. Ao entender essa dificuldade, você compreenderá melhor a tolerância e o que é preciso fazer para colocá-la em prática.

TOLERÂNCIA

Para Voltaire, como você já viu, ela parece muito simples. Em suma, basta lembrar que somos irmãos, ver que os pontos em comum de nossas crenças são mais importantes do que suas pequenas diferenças e está feito! Acho que é mais complicado do que isso. Há tolerâncias fáceis e outras difíceis.

– *Vamos começar pelas fáceis... Quais são?*

– Por exemplo, a tolerância que diz respeito aos gostos. Existem alimentos de que você gosta, outros que o enojam, roupas que lhe agradam, outras que lhe parecem horríveis ou ridículas, jogos que adora, outros que o entediam etc. Se alguém aprecia um jogo que entedia você, gosta de um pulôver que você acha horroroso, acha delicioso um prato que você detesta, não lhe será muito difícil suportar isso.

Em um primeiro momento, o comportamento dos outros pode surpreendê-lo, ou até chocá-lo, mas você logo compreende que eles podem ter preferências diferentes das suas. No final das contas, você aceita sem muita dificuldade que gostem do que você detesta, ou que detestem aquilo de que você gosta. Você pode pensar que estão errados, mas também admite que isso não o incomoda de verdade.

– *Claro, cada um faz o que quiser...*

POR QUE É DIFÍCIL?

– Exatamente, pelo menos, na questão de gosto e de preferências, porque nisso não existe uma verdade absoluta. Assim, "o chocolate é uma delícia" não é necessariamente uma frase verdadeira para todo mundo: muitas pessoas gostam de chocolate, mas algumas não gostam de jeito nenhum. É claro que você pode achar essas pessoas esquisitas, mas não pode dizer que estão enganadas. Elas têm direito de não gostar de chocolate, e você tolera esse gosto sem fazer nenhum esforço.

– *Como se cometessem um erro menor?*

– Pode ser. Aliás, outras tolerâncias fáceis dizem respeito a outros erros considerados sem importância. Por exemplo, se o gabarito de uma prova aceita cinco erros de ortografia, os primeiros cinco não serão computados. São erros de ortografia, sim, mas não diminuem a nota.

Do mesmo modo, um aparelho de medição "tolera" uma margem de erro: a cifra medida será exata, com uma margem de imprecisão – um pouco mais ou menos – que se deve ao próprio instrumento. A medida é uma verdade aproximada, não absoluta. Tolera-se essa imprecisão porque é o melhor que se pode fazer.

– *Espere! Acho que acabo de entender uma coisa. Você quer dizer que a tolerância tem uma relação particular com a verdade e o erro?*

TOLERÂNCIA

– Excelente! Você está totalmente certo! A grande questão filosófica levantada pela tolerância é a da verdade. A tolerância é muito fácil quando se trata de gostos, mas não é a mesma coisa quando se trata de verdades, exceto para as verdades aproximadas, como acontece com a ortografia ou as medidas. Em compensação, em todas as áreas em que há uma verdade indiscutível, a tolerância não tem mais vez. Tomo o exemplo mais simples possível: se eu perguntar quanto são dois mais dois...

– *Não vou dizer!*

– Mas você sabe que só há uma resposta verdadeira! Se alguém, ao nosso lado, der uma resposta errada a essa pergunta de aritmética, não vamos evidentemente deixá-lo errar. Não faria muito sentido "tolerar" que alguém diga que 2 e 2 são 5, ou 13, ou 279, ou qualquer outro número. Quando se trata de solucionar um problema de matemática, você acha que se pode apelar para uma forma qualquer de tolerância?

– *Não sei. Na verdade, não estou entendendo bem sua pergunta.*

– Imagine dois matemáticos discutindo sobre a solução de um problema. Não será possível que um deles tolere, ou não, a resposta do outro se essa resposta estiver errada. Essa tolerância não teria sentido, simplesmente porque aquele que pode fazer a demonstração correta vai expô-la. Ele

POR QUE É DIFÍCIL?

vai oferecer argumentos lógicos, demonstrar por que a solução que defende é exata e verdadeira. Não é "sua" solução, porque não se trata de uma questão pessoal ou de gosto. Será apenas a resposta matematicamente verdadeira.

A demonstração vai obrigar – pela lógica, não pela força física! – aquele que estiver errado a reconhecer seu erro. Em outras palavras, na área da matemática (e, de modo mais amplo, em todas as áreas em que existem demonstrações racionais) não se "tolera" um erro nem posições diferentes. É possível decidir, mostrar quem tem razão e quem não tem, de maneira indiscutível e verificável por todos.

Você vê a consequência disso?

– *Não muito bem...*

– À primeira vista, ela é curiosa. Quando se trata de verdades estabelecidas com certeza, demonstráveis, ninguém precisa apelar para a tolerância em relação àqueles que pensam de modo diferente. Se você acreditasse que a Terra é plana, ou que o Sol gira em torno dela, seria muito fácil provar cientificamente que você está enganado. Não parecerá nem um pouco útil, nem desejável, tolerar seu erro.

– *E se eu insistisse? Se me recusasse a aceitar que a Terra é redonda?*

TOLERÂNCIA

– Eu continuaria a tentar dissuadi-lo disso...
Mas, se você persistisse, eu o deixaria, nesse caso
específico, acreditar no que quisesse. Você compreende por quê?

– *Porque você é tolerante?*

– Também, mas principalmente porque essa
crença não faz mal a ninguém. Se você insistisse em
continuar acreditando que a Terra é plana, isso não
mudaria quase nada em sua vida ou na dos outros.
Você estaria totalmente errado, mas seria um erro
sem grandes consequências. Não é um exemplo de
crença que dite sua conduta, que comprometa sua
vida ou que transforme sua existência cotidiana,
como as crenças religiosas.

– *Essas crenças são tão importantes?*

– Talvez não para você, mas, para aqueles que
professam intensamente uma religião, seja ela qual
for, suas crenças com certeza comprometem o essencial da existência. Elas dizem respeito ao que há de
mais sagrado e de mais importante na vida. Definem
o bem e o mal, dizem como se comportar com os outros, como agir nas situações essenciais. Dão respostas sobre o sentido da nossa vida, o sentido da história humana, o que acontece após a morte. Essas
crenças – quaisquer crenças, repito – não transformam apenas a vida da própria pessoa, mas também a
de seus próximos, de sua família. Elas têm influência
direta sobre as relações que a pessoa mantém com os

POR QUE É DIFÍCIL?

outros, com a maneira como ela vê o mundo, com seu modo de se comportar. Portanto, é a totalidade da vida, ou quase, que se encontra comprometida por uma convicção religiosa.

– *É isso que torna a tolerância difícil em religião?*

– Exatamente. Mas é preciso compreender bem por que motivo. Se os diferentes universos religiosos dissessem a mesma coisa, como defendia Voltaire, seria fácil resolver o problema. Bastaria insistir nas convergências e se conscientizar do caráter superficial das oposições. Esse método pode ser difícil de aplicar, pode exigir tempo ou encontrar má vontade, mas não é complicado de compreender.

Quando se pensa que as religiões dizem coisas realmente diferentes e inconciliáveis, a paisagem muda. De minha parte, não tenho a mesma confiança de Voltaire na existência da religião natural. Ao contrário, parece-me que há entre as grandes religiões do mundo, ao lado das convergências e dos pontos em comum, diferenças e divergências que não se podem apagar nem considerar como pequenas.

– *Você quer dizer que neste caso a briga é certa?*

– De jeito nenhum. Eu só estou dizendo que existem desacordos básicos. Um judeu, um católico, um muçulmano, um protestante, um hinduísta, um budista, um animista não pensam a mesma coisa.

TOLERÂNCIA

Eles podem concordar em algumas questões, mas não têm nenhuma razão para abandonar suas particularidades. Vão precisar, então, aprender a conviver; deverão conviver uns com os outros e também com aqueles que combatem todas as religiões e com aqueles que são indiferentes. É isso a tolerância, e não é tão fácil assim.

— *Onde está a dificuldade?*

— Na necessidade de cada um deles admitir que existem mundos humanos diferentes que não podem se anular nem se dominar.

— *Explique melhor. Não está claro...*

— Quando várias teorias científicas concorrem para explicar um fenômeno, podem-se fazer experiências para testar as hipóteses e saber qual teoria está certa. Com as religiões, isso é impossível, não há uma experiência para decidir. Simplesmente porque as crenças das religiões recaem sobre elementos como Deus, a alma, a vida após a morte, que não podem ser testados por nós.

Em minha opinião, a dificuldade central é, portanto, a seguinte: cada doutrina — seja religiosa ou que recuse qualquer religião — proclama-se única e verdadeira. Cada uma depende de escolhas pessoais, mas elas não são compatíveis entre si e discordam sobre questões fundamentais; ao mesmo tempo, não existe um recurso experimental ou

POR QUE É DIFÍCIL?

lógico para decidir por uma ou por outra. Portanto, a tolerância é tão difícil quanto indispensável.

– *Indispensável por quê?*

– Justamente por causa das nossas divergências! Nunca entraremos num acordo sobre a melhor religião, a mais verdadeira, nem mesmo sobre se é preciso ter uma religião ou não. Ou ficamos numa disputa sem fim ou aceitamos essa divergência insuperável e praticamos a tolerância, mesmo que a coexistência de verdades dessemelhantes seja difícil.

– *E se as pessoas decidissem zombar disso?*

– O que você quer dizer com isso?

– *Podemos dizer que são superstições, coisas ultrapassadas... Seja como for, ninguém tem a resposta... Então, por que se preocupar com as religiões?*

– Nesse caso, a tolerância é muito fácil!

– *Por quê?*

– Exatamente porque não há mais crença e então o problema desaparece. Se você pensar que todos que têm convicções religiosas estão errados, se achar que eles acreditam em fábulas idiotas e sem importância, você não precisa se esforçar para ser tolerante. Livra-se de uma só vez da seriedade das convicções, da gravidade delas (não acredita nisso, não é interessante) e da divergência (todas acreditam em coisas ultrapassadas, então, são todas iguais...). Na verdade, você cai em outra armadilha, pois vou lhe perguntar de onde vem sua própria convicção. Sua crença é que não há nada em que acreditar?

– *Sim, e daí?*

– Então... Você tem esse direito, evidentemente. Ninguém é obrigado a ter uma religião. Mas todo mundo deve, parece-me, interrogar-se sobre sua relação com a verdade. O que você está defendendo, sem saber, é uma posição filosófica muito antiga, que se chama ceticismo.

– *E o que é?*

– A ideia de que a verdade não é acessível para nós. Nós nos questionamos (sobre Deus, o bem e o mal, a morte etc.), mas não temos as respostas. Portanto, imaginamos todo tipo de soluções, mas nenhuma delas se impõe. Nesse caso, como já disse, é muito fácil ser tolerante: não tenho convicção, não detenho a verdade, os homens inventam um monte de histórias malucas e fábulas absurdas, é preciso, então, ser indulgente e deixar passar... Entende?

– *Muito bem. Essa não é sua escolha?*

– Não se trata de uma questão de gosto ou de escolha pessoal. Se a verdade não existe, se não podemos ter acesso a ela, ou se é a mesma para todos, a tolerância acaba por ficar esvaziada de seu conteúdo. Ao contrário, ela é indispensável e

POR QUE É DIFÍCIL?

bem mais interessante se cada um tiver suas próprias convicções, seu universo de verdade, mas se esforçar para admitir a existência das convicções e das verdades dos outros, mesmo quando forem diferentes das suas!

Acho que essa tolerância é mais rica, mais forte e mais densa, mesmo que seja mais difícil, porque permite que cada pessoa permaneça no seu próprio universo e, ao mesmo tempo, respeite o dos outros.

Portanto, não me parece realmente interessante querer anular as divergências, repetindo que todas as religiões dizem, no fundo, a mesma coisa. Acho mais importante que um judeu seja plenamente judeu, um católico, plenamente católico, um muçulmano, plenamente muçulmano, um budista, plenamente budista, um ateu, plenamente ateu etc., e que eles aprendam a conviver sem renegar uns aos outros.

Em outras palavras, ao invés de apagar as identidades, ao invés de dissipar as diferenças, deve-se assumi-las, mas evitando os conflitos violentos.

– *Não é fácil!*

– Claro que não, mas é mais importante do que querer unificar tudo, quase sempre de maneira ilusória. Essa tolerância "difícil" é cada vez mais indispensável hoje em dia, porque estamos num mundo globalizado, numa civilização mun-

TOLERÂNCIA

dial, onde as diferenças não desapareceram. Ao contrário, elas andam lado a lado e se entrelaçam bem mais do que outrora. Os deslocamentos são rápidos, as comunicações, instantâneas. Tantas diferenças são tão aproximadas e reunidas que precisamos encontrar soluções para não transformá-las em conflitos nem anulá-las...

– *Há uma maneira de se conseguir essa tolerância?*

– Tenho um caminho, não uma receita. Esse caminho deve levar cada pessoa a sair de seu universo fechado, mas sem rompê-lo. A intolerância, a violência e a guerra vêm do fato de que cada um está convencido de que seu universo é o único válido, o melhor, que constitui o único mundo verdadeiro. É normal que cada um de nós insista em manter a sua verdade, suas convicções, seu modo de viver. É impossível pedir a alguém que renuncie totalmente a isso. Semelhante renúncia não seria possível e não seria humano exigir isso de alguém.

Se cada indivíduo lembrasse constantemente que os outros também têm seus universos, nos quais vivem e pensam, a situação mudaria. Esses mundos podem parecer insólitos para você, até mesmo insuportáveis, mas ainda assim são tão humanos e legítimos quanto o seu.

– *E você acha que isso basta?*

– É só um primeiro passo, mas me parece que é importante dá-lo e recomeçar sempre. Explico de outra forma: você ocupa um determinado lugar no mundo, no espaço, na história. Pouco a pouco, esquece que existem muitos outros lugares e acha que o seu é único, o melhor, o verdadeiro lugar de um ser humano. E esse é o perigo...

Não lhe peço que deixe seu lugar, que abandone seus hábitos ou suas ideias, mas que se lembre de que existem muitos outros e que você ocupa só um lugarzinho em um mapa muito grande, no qual existe uma quantidade enorme de outros. Estou convencido de que, se cada um tivesse isso em mente com bastante frequência, a tolerância passaria a ser mais eficaz.

– *Então temos a solução?*

– De jeito nenhum. Temos só um início de caminho. Mesmo que tenhamos avançado, ainda falta dar um passo. Não falamos ainda de um ponto muito importante.

– *Que ponto?*

– Os limites da tolerância. Você acha que devemos tolerar tudo?

– *Não sei...*

– Vamos, então, tentar descobrir.

TOLERÂNCIA

LEMBRE-SE

- Tolerar os gostos dos outros é fácil.
- Tolerar outras verdades fundamentais diferentes das nossas é difícil.
- Nem sempre conseguimos concordar sobre o essencial.
- Precisamos, então, treinar para tolerar nossas divergências.
- Para conseguir isso, vale manter suas próprias convicções, situando-se, porém, em um lugar em um mapa no qual outros também têm seu lugar e suas convicções.

DEVE-SE TOLERAR TUDO?

– Agora sou eu que vou lhe fazer algumas perguntas.
– *Tudo bem!*
– Em sua opinião, a tolerância é algo bom?
– *Sim, e, aliás, foi isso que dissemos.*
– Exato. Até agora, a tolerância nos pareceu preferível à intolerância em todos os casos?
– *Sim, acho que sim...*
– É isso que não está certo!
– *Como assim? O que não está certo e por quê?*
– Há casos em que é melhor ser intolerante!
– *Como você pode dizer isso? Não estou entendendo mais nada! Está zombando de mim?*
– De jeito nenhum! Se um ser humano torturar outro, devemos ser tolerantes ou intolerantes a essa crueldade?

– Nesse caso é melhor ser intolerante.

– Se você visse alguém na rua com uma arma, uma AK-47, atirando nas pessoas, ou então alguém com uma faca degolando crianças na saída da escola, acha que diria: "É o seu costume, seu modo de agir, não há razão para ser contra, é preciso tolerá-lo"?

– Claro que não!

– Estou escolhendo exemplos extremos de propósito, mas, graças a eles, você compreendeu imediatamente que não é possível tolerar tudo. E que a intolerância é preferível em certos casos. Ser intolerante com a barbárie, o mal, a crueldade e a injustiça é uma "boa maneira" de ser intolerante, ao que me parece. Portanto, é falsa a ideia de que a tolerância é sempre boa em si mesma. Tudo depende do que se tolera!

– Você quer dizer que existem coisas que se deve rejeitar?

– Com certeza! Aliás, é exatamente isso que se chama "intolerável". A palavra tem sentidos diferentes. Por exemplo, pode-se dizer que um ruído é intolerável porque nossos ouvidos não conseguem suportá-lo: ele é forte demais e pode nos ensurdecer. Esse é o sentido médico, físico e corporal da tolerância. Mas você também pode dizer que o ruído em uma sala de aula é intolerável simplesmente porque não é permitido, não é autorizado e deve ser punido.

O que se julga intolerável é o que se vai decidir rejeitar, não deixar passar, seja por razões de segurança, de moral, de humanidade...

– *E se nos enganarmos?*

– O que você quer dizer? Não tenho certeza se entendi bem.

– *Quero dizer que é possível que rejeitemos algo que deveríamos tolerar...*

– Sim, você tem toda razão, isso pode acontecer. E até acontece muito, porque a fronteira entre o que é tolerável e o que não é pode ser imprecisa. O limite, em algumas questões, nem sempre é o mesmo. Ele pode depender das épocas, das sociedades, dos meios e de suas crenças. É um fato.

Apesar disso, não se pode pensar que tudo muda, que tudo é relativo. Não é verdade que uma pessoa, considerada intolerável hoje, possa se tornar tolerável em outro lugar e época. Matar sem razão pessoas inocentes, por exemplo, não parece tolerável, e não é tolerado. E não é uma questão de época ou de civilização. Pior ainda, matar sem razão crianças inocentes. E se você pensar, por exemplo, que crianças são mortas diante dos pais, você acha que alguma sociedade humana consideraria isso tolerável? Será que alguém julga que isso pode e deve ser tolerado?

– *Não, francamente, acho que não...*

TOLERÂNCIA

– Então, o que eu queria que você compreendesse é que simplesmente não é possível tolerar tudo. Se tivéssemos realmente de tolerar tudo, inclusive as torturas, os assassinatos e os piores horrores, que postura deveríamos adotar?

– *Não poderíamos ter nenhum sentimento, nenhuma emoção...*

– Sim, você tem razão! Para conseguir tolerar tudo, absolutamente tudo, precisaríamos ser totalmente indiferentes a qualquer coisa, não sentir mais nada. Na verdade, seria até preciso – não se preocupe, é impossível – que não acreditássemos em mais nada, que não julgássemos nada preferível.

– *Seríamos indiferentes a tudo!*

– Felizmente, isso nunca acontece. Preferimos a vida à morte, a justiça à injustiça, a felicidade à infelicidade etc. Ninguém acredita realmente em nada, ninguém é totalmente indiferente. Portanto, ninguém consegue tolerar tudo.

Consequentemente, devemos esclarecer quais são as ações, comportamentos e crenças que decidimos tolerar e quais são aqueles que decidimos julgar intoleráveis, não admitir, combater.

– *E você acredita realmente que nós todos podemos entrar em acordo?*

– No essencial, penso que isso é possível em alguns pontos fundamentais. Há comportamen-

DEVE-SE TOLERAR TUDO?

tos que todos combatem. Há gestos, atos e situações que todos julgam horríveis. Há atrocidades que provocam em todos os seres humanos o mesmo sentimento de horror, a mesma emoção e o mesmo sofrimento. Portanto, alguns atos são intoleráveis para todos.

E estou convencido de que isso praticamente independe das épocas, das religiões ou da ausência de religião. Independe também dos sistemas de moral, das civilizações e das sociedades. É claro que existem variações de todo tipo na história humana, tanto nos modos de pensar e de sentir quanto na maneira de se vestir ou nos transportes, mas me parece que também há grandes emoções que, no fundo, não variam de verdade. Os atos que desencadeiam esse sentimento de indignação em todo mundo são intoleráveis e sofrem uma condenação unânime.

É por isso que o assassinato é, em geral, proibido, que o roubo é considerado geralmente intolerável. Pela mesma razão, mutilar o corpo de alguém, desrespeitar a integridade física de uma pessoa, forçá-la, violentá-la, é quase sempre julgado intolerável. O desprezo, a falta de respeito, a deslealdade e a traição são também intoleráveis. Pode haver pequenas nuanças, interpretações diversas, mas, no fundo, parece-me que todos concordam com isso.

— *Então por que há tantas discussões sobre a tolerância?*

TOLERÂNCIA

– Porque a tolerância de que acabo de falar diz respeito às grandes emoções e à base, por assim dizer, do que é intolerável. Mas, na superfície, é diferente. Nos casos concretos, nas decisões diárias, é, com frequência, muito menos evidente. Entre o que é tolerável e o que não é, as fronteiras, muitas vezes, são imprecisas, relativamente variáveis e sobretudo discutíveis. É preciso então inventar soluções caso a caso. É preciso debater, refletir coletivamente, examinar os pontos de vista. Isso não é necessariamente simples, nem se resolve em dois minutos.

– *Então como se faz?*

-- Tenta-se refletir para achar pontos de referência, balizas. Você vai ver, daqui a pouco vamos falar sobre isso. Mas, antes, acho que esquecemos uma última coisa que não se pode tolerar.

– *O que é?*

– A intolerância mortal! Concordamos que há uma "boa" intolerância, uma intolerância útil, aquela que se recusa a tolerar a tortura, os assassinatos e as injustiças. Mas temos que nos deter também no que acabo de chamar de "intolerância mortal".

– *Explique, então. O que é isso?*

– Você concorda que se deve tolerar que cada pessoa se expresse?

– *Claro.*

74

– Mesmo que o que ela diga me desagrade, mesmo que não sejam minhas ideias? Mesmo que ela combata minhas convicções?

– *Sim, é a liberdade de expressão, é a regra do jogo.*

– Concordo com você, mas há uma exceção. Imagine que alguém usa sua liberdade de expressão para dizer: "Devem-se assassinar todos aqueles que não pensam como eu, tenho direito de dizer isso!". Será que isso deve ser tolerado?

– *Não, não deve...*

– Por quê?

– *Porque não se tolera o assassinato.*

– Não está errado, mas observe melhor essa situação. Esqueça o assassinato. Imagine que essa pessoa diga apenas: "Proíbo todos aqueles que não pensam como eu de falar". Você diria que ela é tolerante?

– *Claro que não!*

– A questão central é a seguinte: será que podemos tolerar aquele que não tolera os outros? Será que se deve ser tolerante com aquele que usa sua liberdade de expressão para questionar a dos outros? Acredito que não. Em todo caso, devemos levar em conta essa questão, pois se trata de um outro caso intolerável, uma nova fronteira da tolerância.

Assim como é positivo ser intolerante com a injustiça, é coerente ser intolerante com os fanáticos, ser intolerante com a própria intolerância.

TOLERÂNCIA

– Mas assim isso não termina nunca! Agindo desse jeito, alimenta-se a intolerância ao invés de diminuí-la. Parece-me, ao contrário, que devemos ser mais complacentes com as pessoas intolerantes se quisermos que a intolerância diminua.

– Entendo o que você quer dizer, mas acho que está enganado. Porque, se você deixar as pessoas realmente intolerantes se expressarem e agirem, elas acabarão por impedir todo mundo de falar, você e os outros. Ao invés de a intolerância diminuir, como você espera, ela pode aumentar se for tolerada.

Sei que minha maneira de dizer que se deve ser intolerante com a intolerância lhe deu a impressão de que essa atitude aumentava a intolerância. Mas não é assim, é o contrário. Sendo intolerante com a intolerância, impedimos que ela se alastre, fazemos com que recue. Para que a tolerância progrida, é necessário ser intolerante com o intolerável, como já dissemos, mas também com a intolerância.

– Mas como fazer isso? Pelo que se guiar?

– Sugiro uma primeira regra simples: a tolerância é recíproca. Tolero aqueles que toleram também, sou intolerante com quem é intolerante. Quanto mais tolerantes forem as pessoas umas em relação às outras, maior será a possibilidade de convivência. Ao contrário, quanto mais intolerâncias e fanatismos se manifestarem, mais intolerante é preciso ser com suas manifestações e expressões.

– Espere... Há algo que não entendi bem. Como o fanatismo é possível? Se todos nós temos as mesmas emoções, se todos rejeitamos o intolerável, como explicar a existência de pessoas que torturam, que matam, que exterminam crianças e até que se orgulham disso?

– Essa é uma questão muito importante e muito difícil. Minha convicção pessoal é de que até mesmo os piores carrascos sentem piedade, emoções, compaixão. Mas isso não os impede de torturar e massacrar até crianças, ou pessoas que eles sabem perfeitamente ser inocentes. Então você está certo, precisamos tentar compreender como isso é possível.

O que permite ao fanático matar e torturar é a ideia que ele tem de sua missão. Ele acredita deter uma verdade – suprema, absoluta, indiscutível – que justifica atos que ele não cometeria sem ela. Essa verdade absoluta exige o triunfo. Ela justifica todos os meios. Ela permite abafar, congelar os sentimentos, as emoções.

Para matar crianças, para exterminar friamente seres humanos, sejam centenas ou milhões, é preciso também se convencer de que não são realmente seres humanos que se está assassinando: são lixo, são seres inferiores, malditos ou perniciosos. É "justo" eliminá-los. É preciso que o horror do crime seja transformado em ato valoroso, corajoso. É preciso imaginar que os horrores cometidos permitirão chegar a um mundo melhor, até mesmo perfeito.

TOLERÂNCIA

Em outras palavras, para agir como fanático, como carrasco, como bárbaro, é necessário transformar o intolerável em tolerável.

Mas veja, mais uma vez, que para isso é preciso esquecer o lugar dos outros, acreditar que se é o único a deter *a* verdade. O trabalho da tolerância, ao contrário, é tentar tornar essa cegueira impossível.

– *É mais fácil dizer do que fazer!*

– Com certeza. Por isso, para terminar nossa jornada, eu lhe proponho ver como é possível, concretamente, ser tolerante hoje em dia.

LEMBRE-SE

- A tolerância tem necessariamente limites.
- Trata-se de rejeitar o intolerável.
- Há uma "intolerância boa", aquela relacionada à crueldade ou à injustiça.
- O que torna possível o fanatismo é a ideia de possuir uma verdade absoluta, que justifica até aquilo que, em geral, se julga intolerável.

CASO A CASO, DIA APÓS DIA

– *Então é isso? Chegamos ao fim?*

– De jeito nenhum! Agora que tudo começa.

– *Você está brincando comigo...*

– De forma alguma. Quero dizer apenas o seguinte: quando tivermos dado as últimas explicações, quando for virada a última página deste livro, a aprendizagem real da tolerância vai começar. Porque não se trata apenas de uma ideia, que basta ter uma vez e que se compreende para sempre.

A tolerância precisa ser perpetuamente reinventada, porque deve ser construída coletivamente, em situações sempre diferentes.

– *No entanto, a ideia é sempre a mesma!*

– É verdade, trata-se sempre de conseguir nos suportar uns aos outros, conseguir conviver sem brigar por causa de nossas diferenças. Mas há, a

TOLERÂNCIA

cada dia, tantas situações diferentes, tantos imprevistos, tanta diversidade que precisamos sempre improvisar, tatear, experimentar.

– *Você quer dizer que não há uma solução pronta?*

– Nunca! Há princípios, regras gerais – como já vimos – que definem a tolerância como um estado de espírito, como uma atitude diante da vida. Mas isso não é a receita para saber o que se deve tolerar ou não de manhã na escola, ao meio-dia no trabalho, à noite em casa. Para saber como agir, precisaríamos esclarecer de que escola estamos falando, de que país, de que bairro, de quais alunos e sobre o que exatamente – ausências em festas religiosas, pratos especiais no restaurante da escola, ofensas? É preciso esclarecer bem de que incidente ou conflito estamos falando, em qual estabelecimento. O mesmo em casa: quem são os pais, os filhos, qual é a história? Como você vê, não termina nunca.

Porque a tolerância, digo novamente, não é apenas uma ideia. Ela se encarna também em uma série de ações concretas, variáveis, mutáveis. A tolerância é feita de uma profusão de atitudes, acordos, escolhas e decisões tomadas caso a caso, dia após dia, em circunstâncias reais, na escola, na universidade, na rua, no escritório, no ônibus, entre amigos... De certo modo, tenho vontade de dizer que *a* tolerância não existe, ou existe apenas vagamente. Mas o que existe é uma infinidade de "tole-

CASO A CASO, DIA APÓS DIA

râncias" que se constroem sob medida conforme o que se vivencia.

– *Mas só temos uma palavra para isso!*

– É verdade, o que não é muito conveniente. Em inglês, há dois termos diferentes. *Tolerance* é o estado de espírito, a ideia geral. *Toleration* remete à prática, à tomada de decisões. E é exatamente essa diferença que quero que você entenda: examinamos mais ou menos a tolerância "em geral", mas a tolerância "prática" precisa ser inventada e reinventada por você, durante toda a sua vida, mil vezes, com os outros, em função das circunstâncias.

– *E você acha que vou conseguir?*

– Seja como for, vai tentar, porque vale a pena. Na verdade, nem você, nem eu, nem ninguém tem *a* solução. Estamos todos sempre tentando, tateando, esforçando-nos para agir acertadamente, tentando conviver da melhor maneira possível. Mas acredito que também precisamos ser um pouco tolerantes com nós mesmos, ou simplesmente modestos, ou realistas, e reconhecer que nem sempre temos a melhor solução e que, quando conseguimos, raramente isso acontece na primeira tentativa...

O mais importante é ter compreendido que a tolerância é indispensável. Acrescento que é até mesmo cada vez mais necessária.

– *Mas por que cada vez mais?*

TOLERÂNCIA

– Porque vivemos em um mundo onde pessoas diferentes estão muito mais próximas umas das outras do que em nenhuma outra época da história. Na Idade Média, como você sabe, havia quase só uma religião em cada região do mundo. Pessoas de crenças diferentes não se misturavam, raramente se encontravam. Podia-se passar a vida toda sem encontrar nenhum estrangeiro.

Hoje em dia, no mesmo prédio, na mesma rua, no mesmo bairro, você encontra em todo lugar pessoas de religiões diferentes, de culturas diferentes. Elas vivem umas ao lado das outras, tomam os mesmos ônibus, vão às mesmas escolas, aos mesmos cinemas ou às mesmas empresas. É por isso que a tolerância é cada vez mais necessária todos os dias. Porque estamos mais e mais misturados. Se começarmos a nos recusar a tolerar o jeito de viver dos outros, se eles recusarem o nosso, entraremos em rivalidades, hostilidades, confrontos de todo tipo.

Chamamos esse mundo misturado de "globalizado", para dizer que agrupa todo o globo terrestre, ou de "multicultural", para destacar que contém várias culturas que se encontram. O que mostra melhor essa grande mistura em todo o planeta são, a meu ver, os hábitos alimentares. Hoje em dia, encontramos a culinária chinesa, indiana, italiana ou francesa em qualquer lugar. Antes, só se encontravam essas especialidades no país de origem – China, Índia,

Itália ou França. Por esse simples exemplo já se pode tirar uma lição. O que você acha disso?

– *Primeiro, isso possibilita descobertas...*

– E também a compreensão de que há várias maneiras de preparar os alimentos, combiná-los, associar os gostos. Mas, continuando a refletir, você logo percebe que esses encontros alimentares podem, às vezes, provocar uma sensação de estranheza, de não sabermos exatamente o que estamos comendo. Podemos não gostar de um prato diferente demais daquele habitual, não "tolerá-lo" muito. Certas pessoas podem até ficar preocupadas por acharem que culinárias estrangeiras estão "invadindo" seu país.

Na verdade, você verá que há uma série de reações diferentes, que vão da alegria de descobrir e gostar de sabores antes desconhecidos ao medo de se sentir deslocado e à inquietação de perder suas tradições. Esse é um bom exemplo, acho. Porque essas mesmas atitudes ocorrem em todas as áreas. E é justamente aí que se devem inventar maneiras de tolerar!

– *Nos restaurantes?*

– Não se faça de bobo, você compreendeu muito bem o que eu quero dizer. O que se deve inventar são maneiras de nos suportarmos uns aos outros e de vivermos com nossas diferenças sem nos detestar nem brigar por causa delas.

TOLERÂNCIA

– Trata-se de nos suportar ou de nos amar?

– Não necessariamente nos amar. Porque há inúmeras maneiras de tolerar, assim como há muitos matizes de uma mesma cor. Um grande filósofo americano, Michael Walzer, explicou isso com muita clareza. Em seu *Tratado sobre a tolerância*, um dos livros atuais mais interessantes sobre essa questão, ele mostra que há várias atitudes com relação aos outros que são maneiras diferentes de vivenciar a tolerância.

Por exemplo, você pode ficar realmente feliz ao descobrir os outros, sua riqueza, sua singularidade. Assim como descobrir uma nova cozinha e achá-la deliciosa. Tudo que lhe parece de início surpreendente – nos gostos, ou nos modos de pensar e de viver – pode em seguida lhe parecer extraordinário. Então, ficará entusiasmado e inevitavelmente tolerante, já que não vai combater o que lhe agrada e o que descobre com alegria.

Mas você também pode ter apenas curiosidade pelos outros, sem ser necessariamente um entusiasta. Vai observar, gosta de fazer descobertas. Se for ao restaurante, vai experimentar os pratos. O que vai descobrir poderá agradá-lo ou não, você não sabe ainda, mas não será hostil, ao contrário, será tolerante mais uma vez. Pode haver atitudes bem mais frias, mas que serão igualmente outras maneiras de demonstrar tolerância.

– *Por exemplo?*

– Primeiro, a indiferença, simplesmente! Você não experimenta os pratos, mas não impede ninguém de fazê-lo! Se não tem interesse por mim, pelo que eu faço, pelo que penso, pelo que acredito, não teremos realmente um vínculo, uma verdadeira simpatia nem amizade, mas nem por isso entraremos em confronto ou seremos agressivos. Não se interessar pelos outros é também uma maneira de ser tolerante. Menos animada, menos calorosa, concordo, mas o importante é não transformar as diferenças em confrontos.

– *Não é lá essas coisas...*

– Mas há coisa pior...

– *O que pode ser pior?*

– Resignar-se. Pode se resignar, simplesmente, à presença dos outros e a seu modo de viver. Mesmo que os deteste, compreende que não pode fazer nada contra eles e admite que vivam a vida deles. Você não gosta de nenhuma culinária estrangeira, mas admite restaurantes na sua rua...

– *Isso não é muito atraente...*

– Concordo: é o mínimo dos mínimos! Mas ainda assim é uma forma de tolerância, mesmo que seja a menor, a menos calorosa. De fato, se você se resigna com minha presença, não vai me impedir de viver ou de me expressar, mesmo que pense muito mal de mim e do que faço. Não seremos amigos, portanto, mas não brigaremos, e isso pode bastar para a convivência.

Como vê, há muitas maneiras de chegar a esse mesmo resultado, ou seja, a convivência sem confronto. Podemos ser amigos, entusiastas ao descobrir o que nos toca, meio curiosos, totalmente indiferentes, categoricamente resignados... É evidente que não é o mesmo clima, nem as mesmas relações entre as pessoas. Mas são faces diversas da tolerância. Quer as pessoas gostem umas das outras ou não, quer se apreciem ou não, isso faz uma grande diferença. Não se trata de sermos "todos irmãos" e "todos felizes por estarmos juntos". Se for assim, melhor. Mas se não for, pelo menos as pessoas se suportam...

– *Então era por isso que você dizia que não é uma questão de gentileza...*

– Exatamente! Você pode tolerar pessoas de quem não gosta. Na verdade, é justamente porque nem sempre gostamos uns dos outros e porque não concordamos que devemos praticar a tolerância.

Veja sob este ângulo: nunca conseguiremos concordar em tudo. Alguns acreditam em Deus, outros, não. Aqueles que acreditam em Deus têm religiões diferentes, às vezes concorrentes, mais ou menos rivais. Tampouco temos as mesmas ideias políticas, os mesmos gostos alimentares, musicais, estéticos. Não temos as mesmas paixões nem os mesmos valores. Nossas convicções morais são igualmente distintas.

Unificar tudo é rigorosamente impossível. Aliás, nem seria desejável. Portanto, sempre discordaremos em algum aspecto, essa é a realidade mais plausível. Mas, se for o caso, se não conseguimos chegar a um acordo, então precisamos, de toda maneira, nos tornar tolerantes! Precisamos aceitar que os outros, mesmo que às vezes pareçam aberrantes para nós, existem como são e não como gostaríamos que fossem...

Suportar tudo, tolerar tudo é igualmente impossível, como já vimos. Mas podemos pelo menos concordar sobre o que rejeitamos. É curioso, mas é assim: entrar em acordo sobre o que devemos acreditar, fazer, sobre o que é o bem, o mal, o justo... Isso não conseguimos! Mas entrar em acordo sobre a violência que rejeitamos, sobre o mal que negamos é mais fácil. Podemos ter religiões, opiniões, convicções diferentes e mesmo opostas e, apesar de tudo, rejeitar, juntos, os confrontos e as matanças.

– *Qual é seu principal conselho?*

– Pensar sempre que não somos os únicos no mundo e que nem sempre temos razão. Mantendo nossas crenças e nossas convicções, devemos lembrar que os outros também têm suas crenças e convicções, que podem ser opostas às nossas. Não esquecer que há vários lugares, e que nós ocupamos apenas um. Para mim, isso é o essencial.

TOLERÂNCIA

– *E quanto ao resto, no dia a dia, fazemos o quê?*

– Nós nos guiamos, como for possível, pelas referências simples que encontramos: rejeitar a intolerância, sempre considerar os outros com um mínimo de respeito, mesmo que não compartilhemos nenhuma de suas ideias, tentar fazer o máximo de acordos no dia a dia. Ao mesmo tempo, porém, saber que cada situação exige soluções que não são preestabelecidas e que se deve construí-las como for possível.

– *Finalmente, somos nós que construímos a tolerância?*

– Claro! Você, eu, cada um de nós... Tentamos inventar a solução adequada a cada caso. Não há uma única, pronta. Por vezes, é preciso realmente tatear, discutir. Também aceitar cometer erros eventuais, fazer acordos mal-sucedidos, tomar decisões ambíguas.

– *Não é a melhor solução...*

– Não, não é. Mas isso tampouco é vergonhoso. É real, apenas. E acredito que você compreendeu bem, finalmente, do que se trata. A tolerância não tem a ver com super-heróis. É uma criação muito simples e, ao mesmo tempo, sempre incerta. Ela se constrói pouco a pouco, e precisamos sempre recomeçar. Assim como a vida.

LEITURAS COMPLEMENTARES

Para aqueles e aquelas que quiserem avançar mais, aprofundar algum ponto, indico algumas leituras possíveis em uma vasta bibliografia.

Textos clássicos

Pierre Bayle. *De le tolérance. Commentaire philosophique*, ed. Jean-Michel Gros, Paris, Honoré Champion, 2014.

Publicada logo após a revogação do Édito de Nantes, em outubro de 1686, essa reflexão do pensador protestante sobre a impossibilidade de converter qualquer pessoa pela imposição é também uma reflexão sobre a natureza e os limites da tolerância.

John Locke. *Lettre sur la tolérance et autres textes*, trad. Jean Le Clerc e Jean-Fabien Spitz, Paris, Flammarion, "GF", 1992.

(Edição em português: *Carta sobre a tolerância*. São Paulo: Hedra, 2007.)

Em diferentes textos reunidos nesse volume (*Essai sur la tolérance* de 1667, *Lettre sur la tolérance*, de 1686), o filósofo inglês John Locke desenvolve a ideia de que o poder político não pode de modo algum intervir para impor ou proibir uma crença.

TOLERÂNCIA

Voltaire. *Traité sur la Tolérance à l'occasion de la mort de Jean Calas* (1763), ed. estabelecida e anotada por Jacques Van den Heuvel, posfácio de Philippe Sollers, Paris, Gallimard, "Foio Sagesses", 2016.

(Edição em português: *Tratado sobre a intolerância por ocasião da morte de Jean Calas*. São Paulo: Escala Educacional, 2006.)

Texto combativo, destinado a acabar com um erro judiciário e a restabelecer a memória de um inocente condenado injustamente à morte. O tratado de Voltaire formula de modo brilhante o pensamento da tolerância do Século das Luzes.

La Tolérance, textos selecionados e apresentados por Julie Saada-Gendron, Paris, Flammarion, "Corpus", 1999.

Antologia classificada por temas, comentada e explicada, na qual figuram principalmente textos de Bossuet, Erasmo de Roterdã, Kant, Rawls e Walzer.

Estudos contemporâneos

Inúmeros volumes coletivos foram consagrados à tolerância e aos seus aspectos históricos e filosóficos. Dentre eles:

La Tolérance. Pour un humanisme hérétique, sob a direção de Claudel Sabel, Paris, Autrement, 1991.

La Tolérance au risque de l'histoire. De Voltaire à nos jours, sob a direção de Michel Cornaton, prefácio de René Pomeau, Lyon, Aléas, 1995.

La Tolérance ou la liberté? Les leçons de Voltaire et de Condorcet, sob a direção de Claude-Jean Lenoir, Paris, Éditions Complexe, 1997.

La Tolérance, dirigido por Jean-Paul Barbe e Jackie Pigeaud, Études Littéraires, Québec, Université Laval, 2000.

Outras consultas

Ver também o artigo do filósofo francês Paul Ricoeur em *Lextures I,* Seuil, 1999.

Michael Walzer. *Traité sur la tolérance,* trad. do inglês por Cahïm Hutner, Paris, Gallimard, 1998.

De Roger-Pol Droit, sobre o mesmo tema

"Les deux visages de la tolérance", in *Tolérance, j'écris ton nom,* Seurat, Unesco, 1995.

Jusqu'où tolérer?, textos reunidos e apresentados por Roger-Pol Droit, Paris, Le Monde-Éditions, 1996.

AGRADECIMENTOS

Meu reconhecimento à Monique Atlan, minha companheira, por ter-me dado a ideia deste livro e por sua intolerância à tolice.

À Nicole Tiano, por seu eficiente auxílio na revisão do manuscrito.

Minha grande gratidão a Olivier Bétourné por sua calorosa acolhida a este projeto e pela releitura atenta.

O AUTOR

Roger-Pol Droit é filósofo, escritor e jornalista. Doutor em Filosofia pela Universidade de Paris IV – Sorbonne, foi professor e pesquisador do Centre National de la Recherche Scientifique. De 1994 a 1999, foi conselheiro do diretor-geral da Unesco para assuntos filosóficos, tendo sido responsável pelo programa "Filosofia e democracia no mundo". Autor de diversos livros, é também cronista do jornal *Le monde*.